Виктор Лиров

О звёздах

Сборник стихов

Affinity Billing, Inc.
Marlboro, New Jersey

ISBN 978-0-9796101-2-7

Library of Congress Control Number: 2007934298

Library of Congress Subject Heading: Russian, Poetry

1.1

СОДЕРЖАНИЕ

1. ПОЭМА ИСХОДА

ВВЕДЕНИЕ

Искорки национального сознания так или иначе всегда тлели в душе так называемых «лиц еврейской национальности», живших в Стране Советов и затем в странах СНГ. Для этого было много разных причин, и одна из них – та, что нам то и дело напоминали о нашем «пятом пункте», о том, кто мы такие в среде охваченных «дружбой» народов. А Советская власть, стремясь окончательно погасить тлеющие искры, в конце концов только раздувала их – до тех пор, пока с годами они не стали разгораться всё больше и больше, вплоть до недавнего и всё ещё продолжающегося – миллионного! – Исхода евреев из стран СНГ. В свете этого «пожара репатриации» невольно оглядываешься на своё уже такое далёкое прошлое, когда впервые, в тогдашних твёрдокаменных условиях, я осознал себя обречённым на «вечный бой» евреем и впервые с жаром настоящего открытия захотел рассказать об этом другим.

Как ни странно, но стихи, написанные на едином дыхании почти 50 лет тому назад – в конце 1958 года, как единый небольшой цикл, сегодня не кажутся устаревшими. Коль скоро тетрадка с этими стихами всё-таки нашлась (ничего не поделаешь, ни наше время, ни наши судьбы не способствовали сохранению личных архивов), наверно представится любопытным знакомство с этими стихами, написанными на такую вечную и близкую нам тему.

Виктор Лиров

О звёздах

Мите

Вы ждёте
что я буду говорить о звёздах,
потому что – если стихами,
то о чём же ещё?
Конечно, надо о звёздах,
о женщинах,
о любви!...

Хорошо,
я вам расскажу о звёздах!
Они были жёлтые,
шестиконечные,
одна – на груди
и одна на спине.

Их надо было пришить
на любое платье,
на самом видном месте.
Они должны были быть заметны
среди окружающей тьмы, –
чтобы те,
стреляя, не промахнулись.

9

В самом сердце Европы,
в самом центре культуры,
они были мишенью –
со всех сторон.

Собаки – совсем как люди
и люди – совсем как собаки,
кидались на звёзды с лаем.

Звезда была как избрание –
так сказано было отвека.
Она была смертоносна.
Она уводила в ночь.

Звёздные женщины,
юноши и девушки,
старики и дети,
даже любовь со звездой!

Созвездия обреченных!...
Все они жили посмертно
и других звёзд –
для них
не было.

Ночь за ночью –
те звёзды забыть не дано.

И, конечно же,
надо о них стихами:
они были жёлтые,
шестиконечные,
одна – на спине
и одна – на груди.

Ноябрь 1958

* * *

*Валерке –
                          сыну четырёх лет*

Будет день –
раньше времени ты прибежишь со двора,
где по-своему сходит с ума детвора,
и вдруг глаз на меня
не поднимешь своих –
непролившийся дождь
будет в них.

Всё кругом будет то же
и станет – не то,
в горле комом застрянет
«за что?!».
Будет вороном
страшное слово кружить
и – не захочешь жить.

Я понял, какая стряслась беда,
и тогда,

подбирая тихонько слова,
скажу: понимаешь ли, нет,

история эта совсем не нова –
ей две тысячи с лишним лет.

День за днём, ночь за ночью,
за годом год –
её не расскажешь вкратце,
пришел, как видно, и твой черёд
переживать и драться.

Эту чашу придётся выпить до дна
и узнать как осадок гадок.
Как тебе объяснить, что это – одна
труднейшая из загадок.

Таким ты родился, иначе нельзя,
вся жизнь твоя будет – осада,
напомнят об этом враги и друзья,
начиная с детского сада.

История эта совсем не нова
и серьёзна – не по-мальчишьи.
Смелее, мой мальчик, не ты виноват –
держи-ка голову выше!

Ты не доволен? Нужет совет
конкретный –
в последнем аккорде?
Ну что же! –
случится ещё раз, –
в ответ
дай с размаху по морде!

Ноябрь 1958

Кровь

Легче к пирамидам камни таскать,
чем пытаться встать со всеми вровень:
нам всё равно дадут понять,
что все мы – «особой» крови...

Из века в век на камнях площадей,
окружая, как стадо, оградой
топтала толпы, давила людей
История – Виноградарь.

Под гром погромов, в мороз и зной,
давила как гроздья, кидала в ров,
и была единственною виной –
Кровь, кровь, кровь...

Но всюду, на всех баррикадах Земли,
где люди за счастье бьются,
мы её не жалели, мы первыми шли
под барабан революций.

Руку поранишь – красна и проста,
по капельке благоговейно
вспомни: она – Моисея, Христа,

Колумба, Спинозы, Эйнштейна.

    Да здравствует кровь – Жизни Вино!
Даже если ей быть суждено
причиною гибели нашей вновь –
Да здравствует эта кровь!

                    Ноябрь 1958

Немного политики
или
Колумб в наши дни

Не хуже любого лектора
я могу разъяснить
международное положение,
обстановку,
сложившуюся в результате
Второй мировой
и последующей холодной войн,
все её плюсы и минусы.
Впрочем,
вы и без меня хорошо знаете,
как в последние годы
забитые,
замордованные в прошлом народы —
один за другим,
один за другим —
сбрасывают наконец
всякое чуждое иго
и выходят Историю двигать, —
выходят, расправив плечи,
осознавая себя,
строить независимую жизнь.
При всём при этом

это, конечно, сомнительная удача –
родиться в 20-ом веке,
а не в Средние Века –
такому, как мне, почти всё равно.
И всё же я, как мальчишка, радуюсь,
видя как расшатываются устои
построенного на насилии мира.
Это, братцы, до чёртиков важно –
расшатывать проклятые устои,
ибо, конечно же,
кто не расшатывает устои,
тот объективно выступает
против самого себя.
Такова обстановка:
Или – или!

А самое замечательное:
когда я думаю об этом,
я всегда вспоминаю
о ничтожном клочке земли
на берегу Средиземного моря,
и вдруг
я чувствую себя Колумбом –
да! –
на рассвете,
когда слабеющий,
изнемогая от усталости,
от ярости стихий,
от злобы тех, кто рядом,
от бесконечно долгого,
уже безнадежного плавания
в пустыне бескрайнего Океана,
опасаясь бредовых галлюцинаций,
он вдруг напрягся

всем зрением,
всем существом своим —
и всё во мне кричит:
З е м л я !
О, наконец, - Земля!
И вот дрожу
от страха за неё
и от надежды.

Ноябрь 1958

Навстречу празднику Пурим

Эй вы, близорукие,
даже если с очками,
даже веки раскрыв до конца,
напрягаясь всеми зрачками,
вы всё же не видите
моего лица.

Вы различаете, что называется,
маски людские –
негра, китайца,
маску славянского
светлого склада
и десятки других –
так по-вашему надо.

Вы легко – по лицу
узнаете еврея
и (чёрт вас дери!)
я пытаюсь скорее
понять, замирая в тоске и опаске, –
а как вы относитесь
к этакой маске?

Есть маски —
они подозрительны сразу
для всех для тех,
в ком не проснулся разум,
для них весь мир —
кровавый маскарад,
где друг над другом
маски суд творят,
где друг на друга —
так или иначе —
глядят глазами
слепого Линча.

Злобе когда-то
нашли «оправдание» —
Пункт Пятый:
«вероисповедание».

А теперь —
во имя чего —
самомненья, корысти ли,
остается железное
отчужденья кольцо?
Время вглядеться
в каждого пристальней:
смотреть не на маску —
в упор —
в лицо!

Ничего не хочу —
только этого вечно:
чтобы ясным стало
лицо человечье.
А уж если без маски нельзя,

так чтобы
было бы весело,
было без злобы.
Просто – ежедневного
Праздника ради
каждый приходит
в своём наряде.
Но у каждого есть
человечье лицо.

    Человек –
он в горниле истории,
из него он готовым не вышел,
весь он – сплав и огонь,
весь – порыв к чудесам,
и вообще –
несмотря ни на что! –
человек –
он гораздо и лучше, и выше,
чем знает сам
и чем думает сам.

Ноябрь 1958

Страшный сон
или
Прогноз на ближайшую пятилетку

Мы всё-таки выжили. Даже больше:
не жизнь, а малина – просто восторг!
Нас повезло – но не в сторону Польши,
не на Ближний, а на Дальний Восток.

Москва – далеко, близко – Чита,
чёрт побери географию!
Мне снилось: снова студентам читал
«Национальную библиографию».

Читал на идиш. Огромный курс –
ещё бы! – две тысячи лет!
Но надо привить молодёжи вкус –
вкуса ни капельки нет!

Ни вкуса, ни языка, ни одежд –
не нация, а национальный вопрос!
У большинства, кроме смутных надежд,
еврейского – только нос!

Приснилось, что вызвали в ректорат –
Не в колхоз ли хотят?... – Ну что же!

В приёмной полно: одни доктора,
кандидаты – и сколько ж вас, боже!

Зачем-то вспомнив русскую «мать»,
ректор жестче подагры
сказал: «Указание – принимать
только местные кадры!»

«Указание, знаете, самого ЦК –
самого Рабиновича, знаете,
внимание Пятому Пункту пока –
это вы понимаете?!...»

...Жена загрустила и начала ныть:
должна сегодня, хоть тресни,
планы работы переводить
с русского – на еврейский.

Нечего ныть! У всех на плечах
двойная эта нагрузка –
ведь вывески все здесь на двух языках:
на еврейском сперва и – на русском.

Мы все за арабов стеною тут,
Ислам изучают многие,
лишь Плавин упорно читает Талмуд
и – проектирует синагоги.

В газете сегодня (как, впрочем, всегда)
про подъем на всех участках –
«Биробиджанская (наша) Звезда» –
летописец еврейского счастья!

Эту газету ругают не зря ли?

Приятно после работы
прочесть про нищих евреев Израиля
и прочие еврейские анекдоты:

Какая в Амуре рыба разыскана,
каких свиней раскормил картофель...
«Вчера в Гос. Театре имени Зускина
состоялось чествование академика Иоффе.

Юбиляра поздравил сам Рабинович,
И затем – имена дорогие:
от Союза писателей Слуцкис, Канович,
ну и – «другие».

«Другие» - это понятно без слов:
Иванов, Сидоров и Петров...

Довольно по свету бродить, Агасфер!
Глядит, изумляясь, публика:
Цветёт как равная ЕССР –
Жидовская Республика!...

Ноябрь 1958
Вильнюс, Литовская ССР

Сказочная быль

Лиле

Прощай, дурацкий водевиль,
Весь этот маскарадный стиль,
Осточертевший, словно шпиль
Соборной башни...

          Лиль, а Лиль,
Какая сказочная быль,
Что ты поедешь в Израиль.

Мы остаёмся там, где гниль,
А Лиля едет в Израиль,
Мы остаёмся там, где пыль,
А Лиля едет в Израиль.

Какое чудо, Лиль, о Лиль,
Что можно ехать в Израиль.
Ведь это, как хромым костыль, –
Взять и уехать в Израиль.

Какая сказочная быль,
что есть на свете Израиль!...

Январь 1970
Вильнюс

Молитва отказника

(по Лермонтову)

За всё, за всё тебя благодарю я:
За хлеб, за соль, за кров над головой,
За то, что, просвещенья свет даруя,
Его всегда ты уярчала тьмой,
За то, что и в песках пустыни
Твоей судьбы не позабыть...
Лишь сделай так, чтобы тебя отныне
Мне больше не пришлось благодарить.

Июнь 1973
Вильнюс

Ещё две тысячи лет

Стена. Приник камням старинным.
И сжало Книгу рук кольцо.
Ты всё такой же. Стеарином
Стекают пряди на лицо.

И жар – внутри. Свечой нетленной
Ты всё горишь у той Стены,
А тьма густеет постепенно
И все стенанья не слышны.

Есть флаг, и гимн, и есть Отчизна,
Есть меч и щит, и свой очаг.
Но мир – как прежде. Укоризна
Опять зажглась в твоих очах.

Ты вновь один. Твой поединок –
Он снова с Ним, и снова зря:
Нас побеждают грязь и рынок,
И – отдаляется заря.

Взгляни вперёд – сколь хватит зренья,
Живи ещё две тыщи лет, –
Всё будет так – тебя презренней,
Как встарь, на белом свете нет.

Тебе, последнему колену
Народа твоего, в тоске
Всё так же биться лбом об Стену
В иерусалимском тупике.

7 февраля 1982

Вновь прочтя
(Вместо послесловия – Заметки читателя)

Виктор Лиров не имел традиционного еврейского background-a.

Он рос в интернациональной московской среде, незнакомой с сионистским духом, пропитавшем ивритом уже детский сад в Литовском галуте, с целенаправленностью, и до боли щемящей реакцией на словосочетание Эрец-Исраéл.

Виктор проникся доброй, высокой русской культурой, а у Средиземноморья жизнь столкнула его только с Турцией.

В студенческие годы частью судьбы его стала Мита, со своим непосильным багажом из Каунасского гетто.

В пятидесятых годах Виктора «прорвало». Еврейство из его нутра выплеснулось безудержно, безконтрольно, властно.

Едва познакомившись и услышав его первые стихи меня словно громом поразило. Откуда, как у этого не осознавшего себя с младенчества иудеем, эти крамольные мысли зародились? О забытых генах тогда еще не успели вспомнить...

Смотришь порой на неведомый бутончик растения и никак не угадаешь какой цветок в нём выжидает своего звёздного часа! По ночам тогда можно было даже со слезами молиться. Мечтать вслух – только с горсткой друзей о сокровенной архиутопической надежде. Как Мессия забрался в душу Виктора? В 1958 году?

Каждые четыре выстраданные лировские строчки были выкрикнуты сердцем и безрассудно произнесены вслух. А ведь усы забальзамированного Сталина ещё шевелились и зловещий дух его, в свежем обличии, по-прежнему дышал...

Каждую рифму злобно выжидал всесильный Уголовный Кодекс РСФСР со всеми своими злодейскими статьями, параграфами и неминуемым финишем. Попадись эта болью стиснутая поэзия в поле зрения того, кто к счастью её проморгал, и уготована была бы В. Лирову его Колыма, iki gyvos galvos*...

А наш Виктор всё вымученное вынашивал и писал. Смелость невежества? Ведь за каждое слово могли и должны были взыскать по ГУЛАГовски

---

* до конца жизни

больно. Он не в состоянии был удержать в себе и чувства раболепствующего позора. Со стиснутыми зубами он доверял бумаге свой Дон Кихотовский протест.

Сегодняшний читатель теперь, полвека спустя, возможно скептически плечом пожмёт: что было проку от кукиша в кармане? В ту пору и суперастрологи не ожидали развала империи зла до очередного сотворения мира. И тем не менее незашифрованные рифмы Виктора будоражили, вдохновляли, взывали к оптимизму. Ты не один в поле воин. Безмолвный крик евреев прорвет тупую глухоту отчаяния...

Вот теперь, в начале 3-го тысячелетия, не постигнуть как составлялся бы обвинительный акт за каждое слово, каждый насмешливый намёк, смелый вызов необуздавшего свой национальный дух поэта. Не развались та мерзкая, пошлая безжалостная власть, за каждую букву было бы взыскано отработанным опытом КГБ...

А Виктор, превозмогая страх последствий, чеканил свои рифмованные заряды. Они служили в духоте кислородной струёй нам, выжидающим извечного еврейского чуда!

Стихи и теперь актуальны. Земля носится на своей орбите с прежней неприязнью к упрямым, интернациональным, неотступным правдоискателям, звездоносцам, у которых «кроме смутных надежд, еврейского – только нос!»

Её воспримет и сегодняшняя молодёжь, хотя бы с обилием подстрочных примечаний. Постигнет силу и ценность поэзии Лирова, мужество его таланта. Он многим, в том числе и нам, послужил спасательным кругом.

Спасибо тебе, Виктор!

Ирма и Боря Плавин

Кирон, август 2001

2. СЫНУ

Надпись на «Сказках» Андерсена,

подаренных Валерке в связи с получением паспорта в 16 лет

До сказок Андерсена надо дорасти,
их перечитывать пытаться лет с шести
начав, потом в 16, в 26... и дальше,
чтоб двигаться вперед настойчиво, без фальши,
частицу детства сохранив навек...
Ведь ты отныне – взрослый человек!

3 ноября 1970
Вильнюс

Про завтрашний день

Уезжаешь в Завтрашний День,
оставляя нас позади,
оставляя всю дребедень,
тормозящую: «Погоди!»...

Ты – посланник, ты – вызов, ты – крик,
нервы крепкими быть должны:
не оглядывайся, старик,
сожаления – не нужны.

Не хочу, чтобы будучи там,
ты от злости и страха поник.
Опасаться нечего нам,
если вспомнить, что жизнь – это миг.

Если знаешь, что надо при всех
обстоятельствах, где ты ни будь,
умножать и наращивать смех,
как богатство, взятое в путь!

Что ж, что в горле прощания ком
или в сердце сомнения тень –
помни только при всём при том,
что ты едешь в *Завтрашний День*!

10 августа 1984
Кирон

Экзамены

Сонет к «страшному» экзамену,
именуемому Qualifying
6-8.01.1986

Как много нас, не знавших, что на свете
Сант-Люис, этот славный город, есть,
пока в нём вам не довелось осесть
и утвердиться в Университете.

Такая выпала тебе Игра и Честь –
держать Экзамен высший – быть в ответе
за всё, что совершается в Квартете,
за будущее, за судьбу свою. И несть

числа экзаменам поменьше. Так в Сонете
строка – всегда ступень. Ступени эти –
чтоб, как по лестнице, всё выше к Цели лезть.

Еврейское напутствие Валерке, в связи с защитой докторской диссертации

> Какая сказочная быль,
> что есть на свете Израиль!...

Как ни мала́ моя страна,
но велика в веках она,
и смысл её всегда один:
Нет, не тупик он, но – трамплин.
Желаю я тебе, дружок,
чтоб шаг был Шаг, а не шажок,
чтоб флаг был Флаг, а не флажок,
чтоб бог был Бог, а не божок,
чтоб был бы вверх (– не вниз!)
прыжок!

Август 1987

* * *

*Доктору Ювалю Лирову —
Валерке
к началу работы в Bell Labs*

Удача искрится в руках (тьфу-тьфу!), когда
судьбу, как кошку, гладишь против шерсти.
Вот формула. К ней привели года
(непросто всё, непросто — вот беда...),
В ней Глобус, Докторат и Города,
В ней Вильнюс, Израиль,
               Мизури и Нью-Джерси.

Бывают же на свете чудеса:
Уже не за горами — купишь яхту!
Вновь колокол зовёт тебя на вахту,
Чтоб заработать новую «асмахту»,
Вновь «Бригантина» подымает паруса!...

20 июня 1987

Почти сонет

Валерке к 40-летию

Лишь тот достоин жизни и свободы,
Кто каждый день за них идет на бой.

И.-В. Гёте

Бог Времени суровый Хронос
Велел мне выпить, я и рад, –
в твой день рождения легко нас
настроить на нетрезвый лад...

На Бирже Жизни риска тонус:
подъём – паденье, минус – плюс.
Что ж, ты уже вошёл во вкус.

Хоть лет твоих всё больше груз,
но ежегодно есть свой бонус
детей, компьютеров, любви...
Мы верим в акции твои!...

Уже ты знаешь: год как бой!
Здоров и счастлив будь, ковбой!

Предвижу – через год в Нью-Йорке
В твоей, пусть простенькой, каморке
мы будем «чокнуты» с тобой.

3 февраля 1994
Нью-Джерси

Пятьдесят

К твоему юбилею

Есть уют, но нет покоя –
Вечный бой, сказал поэт,
50 – число такое,
что грустить причины нет!

Впереди такие годы,
Так прекрасно Бытие –
Годы солнечной свободы,
Радость быть гонцом её,

Дело, Дом, – для человека
Жизнь бывает ли иной?
Впереди – ещё полвека,
А затем – ещё полвека

СЧАСТЬЯ БЫТЬ САМИМ СОБОЙ!...

3 февраля 2004
Нью-Джерси

3. ДРУЗЬЯМ И РОДИЧАМ

Себе в день рождения

Вот – 30 лет. Всё – как одно дыханье
насмешливых, но страшно милых уст...
Меня смешит, что я, как бубен, пуст,
что на минуту – жизнь и что навек –
прощанье.

Я только думаю о том,
что я – лишь выдумка Шекспира:
я – Лир, король в пустыне мира,
с моей душой – моим шутом!...

22 июня 1957

Capriccio

Всего лихорадкой любви растрясло.
Ещё одна из глупых притч её:
обыкновенных тихих слов
кричащее каприччио.

Думал – несу миллионов наказ:
«себя забывая, лестницей строк
к сознанию нового – ввысь поведи!»
и вот как будто иду на казнь,
и только – право последней исповеди.

До чего тяжело любить!
Круги
в глазах.
Проклятое,
личное,
лишнее бремя! –
потому что кажется –
совсем другим
теперь напрягаются
люди и время.

Помнишь, глазами вымаливал ласку:
Ну же! Ну! – Иступлённо. Скорее!
А розы в бульварах сгущали окраску:
Земля наливалась кровью в Корее.

А в ноябре – наводненье:
Заливая людей, города затопляло
и – далее,
а я от другого потопа
хоть точки опоры искал.
Знаю – я, может быть,
никогда не увижу Италии,
но она и сегодня
мне до смешного видна и близка.

Что же мне делать?!!

Нежность такая, что нет,
никакой нет защиты у ней.
Хочешь, приду – сплошная рана –
скажу запёкшимися губами,
что звёзды сегодня и ярче, и считанней –
в ночь, расстрелянную во Вьетнаме.

Люди сгорают в штурме старья.
Я, извините, не Григ.
Нежный о близости в горле застрял,
зубами зажат крик.

Земля взывает о счастье, о мире,
в этом пафос весь её,
а у меня на сердце – пудовая гиря,
к тебе взываю: верни равновесие!

Ох, тяжела – одному не снести –
любовь –
огромное, нежное, нужное бремя, –
ведь это её, её спасти
так напрягаются люди и время.

Это у каждого требует дани, и
знаю – мышцей, жилкой любою:
Жизнь не нуждается
ни в каком оправдании,
только в одном:
любовью!...

25 февраля 1952
Москва

Тост

ко дню рождения

Я вам скажу в обычном стиле:
Здесь стол для всех не зря накрыт –
мы пьём за взятие Бастилий
и за здоровье Шуламит.

И если вы хотите Оду –
то ода вот – который год! –
мы пьём за счастье, за свободу,
за женщину – она своё возьмет!

14 июля 1982
Кирон

* * *

Хоть эта тема и избита
(ей отдал дань любой пиита!),
однажды требуется, Мита,
прожив не голодно – не сыто,
просеять жизнь сквозь сердца сито,
сказать в открытую что скрыто
сокровищем во мне, зарыто
во мне, в глуби...

Ты – фокус, остальное – смыто...
Ах, сколько жито-пережито
(пролито, брошено, побито):
Хлеб горький заменила пита
И злой удел космополита
Земля – Израиль...

Ты – центр, прочее – размыто:
(стирала, гладила, – корыто
ни на день не было разбито)
моё гнездо тобою свито,
и внуков царственная свита

50

Тобою создана; защита
Ты мне от боли, банка, быта,
отчаянья, судьбы копыта
и от инфаркта (иль артрита,
изжоги, печени, гастрита...) –
ведь до сих пор,
слава Тебе,
не знаю что́ это!

Верь, ни на миг Ты не забыта,
ведь Ты – кусочек Dolce Vita,
Ты пылью звёздною покрыта
в ночи (мне одному открыта),
и утренней росой умыта,
Ты с морем Средиземным слита
и небом Балтики омыта, –
с Тобою связана элита
книг и стихов...

Ты – Песня Песней – Суламита.
Ты – Мита, Мита...
(– мой крик последний!)

14 июля 1989

Сестре моей Рите

ко Дню Рождения 1986

Рита, Риточка,
дорогая Ритка,
что же ты не пишешь, паразитка?

Вот тебе эта открытка —
словно тоненькая нитка,
не открытка,
а скорее попытка
переписка —
наподобие свёрнутого
древнего свитка,
ибо попытка —
такое твоё молчание,
и улитка —
мировое время.

Хотя кибитка
прошлого
всё удаляется,
но ведь ничегошеньки
не меняется...
И остаёмся по-прежнему:

Митка,
Я – Виктор,
и Валерка (да, уже не дитя!),
и ребятки Валерика,
и страна под названьем «Америка»,
где мы снова гуляли
этим роскошным летом
и когда-нибудь напишем об этом...

27 сентября 1986
Кирон

Баллада о Дон Кихоте

Льву Ивановичу Владимирову,

Отважному Рыцарю Книги, а также всех Женщин, синтезированных в Печальном библиотечно-библиографическом Образе

к шестидесятилетию

«И вечный бой. Покой нам только снится...»
А. Блок

«Неверно понимать Дон Кихота как безрассудного мечтателя, надо видеть в нём человека, опередившего свое время и ставшего символом огромной воли к торжеству света и справедливости...»
А. Луначарский

Белка кружит колесо.
Глину красит Пикассо.

От Нью-Йорка до Аммана
Столько всякого тумана.

От Нью-Йорка до Пекина –
Очень хитрая картина!...

Вот он – нашей жизни фон!
Позади уже ООН,

Позади уже Флорида,
Свет Парижа, зной Мадрида...

Вам сегодня, в час Отсчёта,
Видно всё, как с самолета,

*И прошли за годом год –
Будто ехал Дон Кихот!*

Всем завистникам назло
Вам везло и – нам везло!

Ибо все здесь кандидаты –
Тоже Вашей жизни даты!

Нам поздравить в Вас охота
Рыцаря и Дон Кихота.

А грустить причины нет.
Хоть прошло немало лет,

Впереди ещё полвека –

Кафедра, Библиотека,

Вечно новые идеи,
Информации затеи,

Книги,
Мельницы,
(и змеи)
и, конечно,
Дульсинеи! *

Быть собою – в этом всё,
Как сказал Жан-Жак Руссо.

С Дон Кихотом каждой кляче
Обеспечена удача,

Росинанту жить в охоту,
Если служит Дон Кихоту,

Потому что ваш талант –
(признаю как Россинант!) –

В каждого вдохнуть отвагу,
Требовать прибавить шагу,

Не бояться новых драк –
Украшает мир чудак!

С этим всем поздравить рады,
А стихи – взамен награды,

---

* Примечание (для И.Ф.): множ. число здесь
только для рифмы

И при этом, Вас любя,
Поздравляем за себя!

Пусть катится колесо,
Догоняя Пикассо!...

14 марта 1972
Вильнюс

Надпись на книге

...Вот дарим книгу Кривина тебе, и знаем,
что эта книга будет по душе тебе, поскольку
она полна еврейской доброты и мудрости, хотя
и создавалась на чужой земле, на языке
чужом, но вся она – хохма́, а автор – «ребе»
и, может, что таков он в поколении десятом –
(наверно, сам того не сознавал он никогда):
весь светится во тьме – тьме вопреки...
Мы это поняли с тобою вместе
уже давным-давно... Как жизнь летит вперед!
Но иногда полезно оглянуться...

Июль 1991
Кирон

Ода Старости

К славному семидесятилетию Бори
в стиле «Песни о Гайавате»

Друг мой, корень твой – боренье,
Не боюсь я слов высоких,
потому что годовщина
столь торжественна – ведь это
День рожденья необычный,
словно новую вершину
одолел ты вместе с нами.

Мы ничем не можем хвастать,
чем похвастать может Боря.
Нам, беднягам, хвастать нечем –
просто – убывают годы,
жить на свете скучновато,
результатов маловато,
в голове, как и в кармане,
прямо скажем – пустовато!

За себя мне стыдно, право,
и за Миту тоже стыдно:
слишком часто хором ноем –
то нам холодно, то жарко,
в соответствии с погодой,

59

устаём от балагана,
от газет, ТиВи и прочей
суеты и суматохи...
Что поделаешь – как все мы:
недостойны мы поэмы.
И заходит ум за разум –
начинается маразм.

Всё стандартно, но на свете
есть однако исключенья:
Слава Богу, слава Богу
(иудейскому, конечно),
наградил он Борю щедро
стойкостью, упорством духа,
изумленьем к ходу жизни,
любопытством и уменьем
не сдаваться – пусть другие
хнычут, ноют, суетятся.

Жить и значит: не сдаваться!
Вопреки всему на свете
удивляться счастью жизни,
вопреки всем фактам мира
утверждать и утверждаться –
всё добро, что служит жизни!

Говорят, как попугаи,
старость будто бы не радость.
А ведь как на самом деле?
Старость разве не боренье?
Наслажденье битвой грозной
с болью и уничтоженьем.
Старикам одним доступна
радость продолженья жизни,

сладость осмысленья мира –
несмотря на все невзгоды,
что приносят гады – годы.

Напоследок – заклинанье
(по примеру краснокожих,
но с еврейским переводом):
чтоб ты был бы нам здоровым
и счастливым, и весёлым,
и характер твой счастливый
был бы также плодотворным.
Будь, как прежде, провозвестник –
впереди седьмой десяток,
и затем – восьмой, девятый...
Так наступит и сто двадцать!...
Сим числом обетованным
На Земле Обетованной
заклинаю, заклинаю...

1 августа 1998

Считалка в день рождения

Ирме

Поздравлений воз от нас –
                    это **раз**!
Поздравленья – это больше, чем слова –
                    это **два**!
Сколько накопилось лет уже́ и зим, смотри –
                    это **три**!
Сколько всякого узнала в этом мире –
                  это, кажется, **четыре**!
Сколько всякого увидишь впереди –
              это значит вновь иди, иди, иди!
Никогда не унывать –
                  это **пять**.
Приумножить всё, что есть –
                  это **шесть**.
Терпеливой быть ко всем –
                  это **семь**.
Быть весёлой, улыбаться, куролесить –
          это **восемь**, **девять**, **десять**.
Ну, и пусть к тому впридачу –
           Счастья, Радости, Удачи!

15 июня 2001
Тель-Авив

Прелюд №6
(Свадебно-патетический)

Эсиньке и Диме

Вы поженились – значит так
вам суждено воочию.
Да будет радостным ваш брак
      и всё такое прочее!

Пусть будут вместе Жизнь и Цель,
чтоб день за днём (и ночью)
всё на двоих – Вино, Постель
      и всё такое прочее!

И стих, и боль, и стих, и соль...
Семья отныне ваш пароль.
Такая предстоит вам роль –
Проста как до-ре-ми-фа-соль!

Известно, жизнь всегда качель:
то у́было, то при́было;
но пусть в душе поёт свирель
единства – что бы ни было.

По праву тех, кто долго жил,
растил других, работал, пил,

имеем полномочие
вам пожелать покрепче жил,
и много счастья, много сил
и много (– многоточие!!!)

Итак, да здравствует Семья –
Вся – Колокол и Радость вся,
вся мира средоточие
    и всё такое прочее!...

4 октября 1983
Кирон

Прелюд №7
(Свадебно-патетический)
Из цикла «Плавиниада», опус 33

Тане и Захарику

Allegro vivace

Храни вас бог от нот фальшивых
И от завистников паршивых.
Пусть будет лучезарна даль,
Куда вы вместе двинулись. Рояль –
Кораблик ваш. И пусть Жар-Птицей
Вам будет Музыка. Сторицей
Воздастся вам за верность ей –
Нет дара этого верней!...

Известно, жизни час неровен,
Но будьте глухи, как Бетховен,
К тому, что временно и прах, –
Ведь с вами лучшее в веках!...
Отныне будет всё вдвойне
(как наяву, так и во сне):
Забот, Работы, Нервов, Рук,
Игры, и Поисков, и Мук,
Ума, Упорства и Участья,
Но также – *Радости и Счастья!*

Пусть будет этим каждый горд.
Семья – Корабль «высший сорт»,
С ней в океане есть комфорт.
Всё лишнее всегда – за борт!
С ней твёрдый – нежен, нежный – твёрд.
Да будет звучным ваш Аккорд!

> *По примеру известных
> музыкантов, сразу же хочу об-
> ратить внимание на «финал».
> Нетрудно заметить, что, во-
> 1х, он сознательно выдержан в
> духе аккордов Захарика, во-2х,
> «аккорд» в оригинале означает
> «согласие» или «гармонию»
> (см. словарь фр. яз.).*

12 июня 1984
Кирон

Сонет

Ирене

Хочу тебя опять поздравить с Новым Годом,
ведь снова Новый Год стучит, как дождь в окне,
и пульс ещё стучит (упрямым древним кодом),
и память коротка (как нос у Сирано).

Ещё живем, хотя осталось так немного,
Столетия и наш хлебнули мы Исход.
Я это знал всегда, что нелегка дорога,
что будет сложной жизнь, и каждый новый год

тревожусь о друзьях, и знаю, что опять
всё впереди у нас, тревожиться – пустое,
судьба одна у нас, её не поменять.

Восьмидесятые идут и, может быть, откроют
возможность свидеться, и не грусти – не стоит,
ещё один сонет прошу тебя принять.

14 декабря 1979
Тель-Авив

Другу моему Яше

К 13-ому декабря

*В далёкий Галифакс
к очередному Дню
рождения*

Много всякого
было у Якова,
и дни рождения
рождались за годом год
(это, впрочем, у всех одинаково),
и каждый был знаком.
что надо, брат, надо –
необходимо
глядеть вперёд!
Не оглядываться –
это и правда не стоит,
назад оглядываться –
дело пустое,
потому как всё ещё –
да и всегда –
впереди,
и если когда-то
пустился (а вернее: пустили)
в дорогу,
то значит: кряхти-не кряхти,
но – *иди*!

А День Рождения –
пусть и на таком расстоянии,
просто необходимо «обмыть»,
и это сделать сейчас в состоянии –
и в настроении –
мы.

1982
Кирон

* * *

Нас толкали и карёжили,
Но бежали дни рождения,
И опять – гляди-ка! – дожили,
И летят к нам поздравления.

Пусть не пьётся, не хохочется,
Годы, как на нитку, нижутся,
Всё же жизни в жизни хочется,
Потому что время движется!

Не откроем мы Америки,
Забываем уж Россию,
И спокойно, без истерики,
Ждём попрежнему... Мессию!

* * *

Ах, посохом Якова, лестницей Якова
мы соблазнились, позабыв,
что жизнь повсюду одинакова
и даже Яков – это миф!...

1984
Кирон

* * *

Хотел стихи –
И так, и сяк,
Но я, увы,
Уже иссяк...
Всё ж не грусти,
А погоди –
Все дни рожденья –
Впереди!

* * *

Вдруг ни с того, ни с сего
стал барахлить холодильник –
старым становится всё,
кроме тебя, милый друг!

1985

70

* * *

С радостью старых друзей
отмечаем мы даты рожденья,
даже когда ты свой день
сам отмечать перестал.

1986

* * *

Вот посылаем фо́то,
хотя и неохота
и грустновато что-то
нам на себя глядеть.
Но не грусти, не надо –
день каждый нам наградой,
и жизнь звучит балладой,
где деды внукам рады –
знать, стоило терпеть.
Теперь у нас забота:
преодолеть болото
зимы, тоски, работы,
дожить до лета – лёта:
в Испанию лететь!

1987
Кирон

На новоселье Алины и Фимы

(в духе английских фильмов о призраках)

Жилищная проблема с годами встала остро –
Вы правильно решили: вам надо поспешить,
И в бурном море жизни возник веселый остров,
Чтоб в Лондоне в дальнейшем возможно было жить.

Чтоб жизнь была малиной, чтоб жизнь была в достатке –
Да здравствует ваш остров, ваш новый славный дом!
И Фима, и Алина, и Яша, и ребятки
Найдут – я в том уверен – уют и счастье в нём.

А мы на новоселье, торжественны как дэнди,
Как духи постучимся к вам в лондонскую дверь –
Поздравить вас явились, и вот бутылка брэнди,
И есть причина выпить законная теперь!

И пусть в тот день доходит до гор Ерусалима,
Что тут не просто пьянка, что тут поёт Семья –
Вам БиБиСи поможет, затянет песню Фима
Над Англией и миром:
«Алинка, Калинка, Малинка моя!!!
В саду собственном гуляет Алинка моя!...»

6 декабря 1987

Баллада
о вымытых ушах и о новом Рамбаме

*доктору Лёве Браверману
к 60-летию*

Слава богу, что Рамбам
рвался в бой и был упрям.
Худо было б, скажем прямо,
без врачей и без Рамбама.

Жизнь еврея – Западня:
Без страданий нет и дня.
Тут болит и там болит –
«зверю» нужен Айболит.

Лёва в этом смысле клад,
если органы болят.
Врач, поэт и забияка,
хорошо, что ты не в Акко.

Веселее и полезней
среди нас в кругу болезней.
Здесь эксперимент и проба –
только слушай в уха оба!

Там, где врач другой – невежда
ухом не пошевелит,
только на тебя надежда,
доктор Лёва Айболит.

Знаешь ты, что оба уха –
нет, не только лишь для слуха.
Уши – вот ворота века
и спасенье человека.

Через вымытые уши
ты проникнешь в наши души!

В медицине мало толку:
СПИД. Ножи. Пилюли. Глухо.
Мы отложим их на полку –
всю рецептов барахолку...

В боль мою вонзи иголку –
Я своё подставил ухо!

16 января 1988

74

* * *

*Другу Саше Фел,
с которым старимся одновременно*

Ну что же! – 70! – седая голова
высоко поднята и всем ветрам открыта,
и в Книге Жизни – Новая Глава,
а Книга та совсем не лыком шита.
Излишни все красивые слова...
На что надеемся? Надежд ужо́ – едва!
Но будь здоров и улыбнись сперва,
ведь семьдесят – совсем не трын-трава:
так мало прожито, так много пережито! –
с тем поздравляем!
        Виктор, Мита.

20 февраля 1997

Как полагается на Пурим,
Царице фимиам воскурим:

От всей души, а не для виду
Мы поздравляем нашу Фриду!

Пусть всё исполнится у Фриды –
Всё что захочет! Без обиды

Довольна будь своей планидой,
Чтобы у Изи под эгидой
Мы любовались нашей Фридой.

20 февраля 1994
Кирон

Литва и Израиль –
в тебе они вместе.
История длится
и, ею лелеем,
ты – вроде посла!
Ах, Изя, без лести –
мы рады поздравить
тебя с Юбилеем.

Молитва «Стриптиза»
пусть в небо стремится,
пусть жизнь твоя будет
как синяя птица!

Как много, но мало,
как быстро, но долго –
уже Шестьдесят!
Надо жить нам быстрее,
чтоб книги шли в свет,
как покрытие долга,
а с ними и ты
будешь жить не старея.

Пусть всё исполнится, старик –
побольше лет,
и сил,
и книг!!!

6 ноября 1992
Хулон

Мише Л.

поэту, нашедшему наконец
работу в Израиле

Метла метет во все концы,
    Во все пределы,
А в голове стихи – птенцы,
    И в них – всё дело.

О, сколько мусора вокруг,
    И сколько грязи!...
Ты это знал всегда, мой друг,
    Предвидел разве?

И вот в руках твоих метла.
    Судьбина – дура:
В какой тупик нас завела
    Литература!

Прими всё просто, не грусти,
    Себя не мучай.
И смех, и грех пора сгрести
    В большую кучу.

На свежий воздух ровно в семь,
    Чтоб бодро, бойко...

В двадцатом веке ясно всем:
   Весь мир – помойка!

И месть так месть. С метлой как в бой.
   И ты – при деле!
Остаться – главное! – собой
   Аж в беспределе.

Стихам – звенеть как бубенцы.
   Греметь – гитарам.
Метла метёт во все концы
   По тротуарам...

                        2 декабря 1992
                          Год Петуха

Новорожденной
Полине Самойловне Ландман

Совсем даже непросто –
дожить до девяноста.
а если в добром здравии
да царственной красавицей,.
так это ж, братцы, чудо,
так это ж – первый сорт!

Жизнь не была малина.
Нелёгкая судьбина
растить такого сына.
Самойловна Полина,
Вы ставите рекорд!...

Мы поздравляем Мишу,
мы поздравляем Софу,
мы поздравляем Аню,
мы поздравляем всех.
У нас у всех сегодня
великий редкий праздник
и цифра 90 –
всеобщий ваш успех.

Здесь зависти немало:
ни у кого же нет

такого капитала
как сумма Ваших лет!

И эту сумму множить
желаем Вам! Мы тоже
не молоды (о, боже!)
и можем тож итожить,
и в жизни знаем толк.
Вы множьте годы, множьте,
чтоб Вам на всех хватило,
чтоб мы могли придти к Вам
и взять немного в долг...

Как всё-таки непросто
дожить до девяноста –
жить ввысь, как в облака,
и быть такого роста,
что нет Вам потолка!...

30 ноября 1993
Хайфа

Вике

*другу, переселившемуся
из Москвы в Кирият Арба,
на день рождения*

... Хеврон, Хеврон –
как много дум наводит он!...
Как высоко вознесся Вика –
чтоб все, от мала до велика,
дивились бы, раскрывши рты,
ему средь горной высоты,
чтоб день рожденья – день великий
он мог отметить не как те,
которые в Мисрад Клите,
а здесь – на должной высоте.

Не знаю, есть ли в жизни Цель,
но в жизни есть виолончель!
И есть вблизи – Ерусалим!
Ерусалим – и дети с ним,
И внуки с ними, есть жена –
аккумулятором она –
и день, и ночь огня полна.
Есть Шостакович, Шуман, Шнидтке
(я напишу об этом Ритке),
есть Музыка, а с ней сестра –
им всем ни пуха, ни пера!

Есть Музыка – и как на нитке
всё нижутся как жемчуг дни
и – удивительны они.
Ведь жизнь для радости дана.
На высоте душа пьяна
простором: это – Жизни хмель.
Да здравствует Виолончель!
Ещё – да здравствует Хеврон
(так много дум наводит он!) –
здесь воздух лучше, воздух чище.
Будь счастлив и здоров, дружище!...

20 декабря 1992

Подарки

Дорогому Вике Горфинкелю –
к славному 75-летию

Цифры «7» и рядом «5» –
вот и праздник нам опять!
Время мчит – ни дать, ни взять
скорость света! «7» и «5» –
Это ж *трижды двадцать пять!*
Это ж славный Юбилей –
До краёв бокал налей.

Верблюдов вижу караваны –
идут навьючены и рьяны
(всё новые зовут их страны!):
То годы все твои идут, –
то вверх, то вниз – на славный суд
тебе подарков груз несут:

Сперва была Виолончель –
и появилась в жизни Цель,
а с нею Музыка и Музы
(отныне с ними были узы
и не было ни в чём обузы),

84

затем пришла, как дар, Бальмина –
так хороша и так невинна,
и разожгла семьи очаг
от искры в радостных очах.

И принесла Бальмина Сашу,
ему и молоко, и кашу
давала впрок и день за днём,
и видела начало в нём.
　　И вот, ты помнишь ли, в квартиру,
в Москве, покупками сильна,
подарками увлечена,
однажды принесла она
подарочек чудесный – Иру:
красавицу на удивленье миру,
талант, чьей славой будет кисть –
　　Жар-Птица Ира, ввысь стремись!

Так развивалась эпопея
(почти совсем как Одиссея), –
заранее, до Юбилея
готовились подарки впрок –
всё Вике, Вике, – видит Бог,
подарков было ох как много –
от близких, от детей, от Бога.
Всё шло как нужно по Закону,
Подарков выросла гора
подстать высокому Хеврону.

Быть внукам подошла пора.
И возникают Гимна звуки –
Нет, то не звуки, это – внуки!
И как по нотам шла игра:
Гармония как мир стара...

Да будет полной Жизни Чаша! –
Уже подаркам несть числа.
 Взамен верблюда и осла
 так много внуков: Ира, Саша
 работали на славу – это ваша,
 Горфинкелей, судьба росла
И... рос Изра́иль. В этом – суть!
 Недаром, значит, весь твой путь:
Москва, Ерусалим, Хеврон.

И вот – без пафоса, без крика
в потомках будет славен Вика,
в *Millennium* вступает он –
Ерусалим, Москва, Хеврон,
идут за ним, как свет из тьмы,
а также мы (мы – только свита): –
 я, то есть Виктор,
 я и Мита.

27 декабря 1999
Гиват – Шмуэль

У времени в плену
(Сонет после посещения выставки)

Ире

> «Не спи, не спи, художник,
> Не поддавайся сну,
> Ты – вечности заложник
> У времени в плену.»
> Б. Пастернак

Я пристально глядел: родной Пейзаж
Был нечто вечное: нет, даже не картина,
Но Жизнь – Израиль, а не Палестина,
Сама Страна, краса, сама Ирина,
Апокалипсис, сон, мираж...

Такой прекрасный вернисаж –
Гармония подстать виолончели.
Была керамика, витраж,
И вот вам – акварель, гуашь,
Рос постепенно зрелый стаж –
Художнику он важен в самом деле.

Как грустно, что невесело тебе,
Но что поделаешь, такое время –
Тьма атакует свет, Хеврон опять в борьбе,

Теней и туч всё тяжелеет племя –
Ты на себя взяла такое бремя
Серьёзности во всём и верности судьбе.

25 апреля 2001
Бейт Даниэль, Тель-Авив

* * *

Яше Г.

50 и трижды пять —
День рождения опять!...
Принимайте эту дату
Как положено солдату –
Take it easy! – Голова
сохранилась ясной ваша.
Будь здоров и счастлив, Яша.
Где-то там Москва, Литва,
и ещё – вдали – Клайпеда,
и – да здравствует Победа!
Это, братцы, не слова,
это нашей жизни даты –
СССР, Израиль, Штаты:
Жить – не поле перейти,
Жить – всегда вперёд идти –
Все 120 впереди!

16 октября 1988
Кирон

* * *

Белле

Узнав случайно
Ваш день рождения
сложить мы рады
Вам поздравления –

На трёх языках
Вам положена слава!
Так трижды танцует
легко королева:

то слева – направо,
то справа – налево.

Ле Белла – ошер вебриют
Авур амаль весавланут.

Bell, o Bell,
Be very well!

Кириллицей тоже
восславить могу:
Как славно, что здесь Вы, –
не там, не в СН(е)Г(у)!!...

7 июня 1992
Кирон

90

К серебряной свадьбе

Гене и Мосе

Как жениху и невесте,
которые нам по душе,
вам, которые вместе
четверть века уже, –

пусть седина в бороду,
но пусть и Счастье в ребро,
пусть станет Завтрашним Золотом
Сегодняшнее Серебро!

27 июня 1979
Натания

Саше Иоффе
30 лет спустя

«Когда я итожу
то, что прожил... (гм!)
я вспоминаю одно и то же!» -
за что тебе спасибо, боже!

На свете счастья нет,
Но есть покой и Оля,
И в память стольких лет
Есть капля алкоголя,
И можно на похмелье
            в Химках
Израиль изучать
            на снимках...

Соответствующий альбом
            прилагается

с любовью
            (как и полагается).

14 июня 1994

92

Самуэле

*надпись на книге
к новоселью*

Нет, не для рифмы балагуру,
не в шутку, так себе, не сдуру
есть в этой книге запись эта:

Вы, Самуэла, стали гуру –
как будто вы пришли с Тибета!

Вы подвигаетесь так скоро,
что мы, конечно, поотстали,

Был Куши, Сытин, Эдвард, - спору
нет, чудотворны все. Который
Теперь по счёту ваш Нафтали?...

Вам лишь в движении – опора.
Вам «лучше гор всегда лишь горы,
Те, на которых не бывали»,

с них ближе Небо – всё «в алмазах»,
и наяву, а не в рассказах.

5 апреля 1994
Натания

93

Альцхаймер

Милой А. Ф. в ответ
на письмо её родичей

Альцхаймер шлёт вам пламенный привет!
«Процесс пошёл!» - заговорив стихами,
открыли вы на склоне лет,
что сам Альцхаймер был поэт,
презренье к прозе он развил с годами.

Альцхаймер был поэт и ненавидел Числа,
а также Факты, Даты, Имена,
он учит нас, что Память не нужна –
что Память нам? Ей-богу, нет в ней смысла.
Забудь про всё, что было позади
и помни главное – что ждёт нас впереди.
Забвение – ему нас учит Время,
а с ним Альцхаймер: Память – только бремя!...

27 сентября 1999
Нью-Йорк

* * *

Милая наша Наташа,
пьющая траура чашу,
словно лекарственных трав
крепкий, как кофе, настой,
будь, как всегда, фаталисткой:
хоть горевать бесполезно,
это сильнее вина –
горечи сладостный яд!...

2 августа 1999
Кирон

Ребекке Исаевне Розет
вместо письма

Спасибо Вам за дружбу и любовь.
Прошли десятилетья, но часы —
Не те, что наблюдаешь на стене,
А только те, что отмечают встречи,
Часы, но с человеческим лицом —
Не останавливались даже на минуту,
Присутствует незримый календарь
В общеньи нашем, — он рождён
Потребностью взаимной в диалоге,
В сопоставленьи пульса. На весы
Кладём мы наши жизни и при встрече
Сверяем пульс — ещё живём? Остались
Такими же? — неважно, что вовне
Стучат часы не наши на стене,
Мы сами по себе, мы — в диалоге,
Он — тот поток, что нас несёт вперед,
Сознаньем он зовётся, и его
Делить с друзьями надо: спутник есть
С календарём таким же — вот и ладно!
Пусть он, как я, чувствителен, наивен
(не дай нам Бог рассудочными быть),
Наш диалог пусть будет непрерывен!

16 февраля 2000
Хулон

* * *

Берут дерево.
Вырубают корни.
Обрубают ветви.
Бросают на дорогу.
Говорят: иди!
Там, далеко,
есть место
получше нашего
и краше того,
где ты рос.
Там соберётесь в лес,
где ты будешь расти.
Там – твой лес!
Таков ещё один
современный эксперимент
на тему про лес обрубков.

27 декабря 1979

На гибель Макса

Что ж, на земле и это нам
вполне, мой друг, знакомо –
придется рот закрыть, молчать
и спать всегда вне дома...
Зато ни от чего твоей душе
не будет больше больно
и навсегда уже всего
совсем-совсем довольно.

4 августа 1985

Весенняя зарисовка

Всё другое, видно, ложь.
А реальность – маки, маки.
Восклицательные знаки
на зеленом поле сплошь.

Ах, художник, научись
быть упрямым – посмотри-ка,
как без устали, без крика
кипарисы рвутся ввысь.

25 марта 1981
Кирон

Закрывая книгу

Случайно всё –
Все обстоятельства:
Язык, рожденья дата
И местопребыванье
(а верней – места!),
весь внешний жизни ход,
такой извилистый и хрупкий,
а все ж внутри,
в самих себе
всегда во всём и навсегда одно,
(мы это поняли давно) –
крупица независимости –
«НО»!
С еврейским и упрямым нашим
«НО»
(невольным, независимым и
древним,
как притчи Соломоновы) –
ОНО (о-НО)
Нас сохранило –
Выжили!
Аминь.

7 июля 1990

Urbi et Orbi
Новогоднее послание

С Новым Счастьем,
с Новым Годом –
        Людям всем и всем народам!
        Как и в прежние года –
        Всё на свете ерунда,.
        Как и в прежние года,
        Я бы всех послал туда –
        Сами знаете куда!

Новое 1000-летие

Как быстро крутится Земля!
Куда спешишь ты, бедная планета?
Вот минул год, в котором три нуля –
Начать с нулей – нам так знакомо это.

1 января 2001

4. ПЕРВОНАЧАЛЬНАЯ ИГРА (СТАРТОВАЯ ПОРА)

«Начало было так далёко,
Так робок первый интерес.»
Б. ПАСТЕРНАК

Просветление

Видели все, кто хотел, красоту угасавшего неба,
Видел и я и, признаюсь, боялся поверить глазам:
Кажется, только богам могут эти открыться картины...
Гордый и кроткий равно, миру как диву даюсь.

1946
Москва

Игра

Игра блаженная, суровая игра!...
Живой огонь, и дым, и тихий шум костра,
И голос для меня, тревожного, слепого,
И тайный, и живой – он дразнит разум снова,
И внутренним чутьём ловимые едва,
Со смехом ласковым лукавые слова
Слетают с нежных губ, незримых, но прекрасных,
И повторяются в моих порывах властных,
Иной гармонии предчувствие храня:
    «Я здесь. Забудь о сне. Живи. Ищи меня.»

1946
Москва

Тень

Во власть мечты простой (такая есть – не скрою)
Отдаться и тебе вечернею порою:
В задумчивость без дум, в спокойствие без сна,
И втайне чувствовать, что где-то есть одна
Среди теней ночных, вступающих на землю,
Живая для тебя – тебя она объемлет,
Чтоб ты в тиши хранил, склонясь в ладони лбом,
Забвение всего и память обо всём...

1 июня 1946
Москва

* * *

Над грозным морем носилась чайка,
И пели волны во мраке ночи.
В великом хоре тоски и горя
Терялись скорби печальной птицы
И билась птица в когтях бессилья...
    О чём ты плачешь над морем, чайка?
О чём упрямо кричишь ты волнам,
О чём их просишь, бросаясь в пену,
Как будто хочешь погибнуть в море?
О чём кричишь ты?... – «О том, что трудно,
Что мрак повсюду, а солнце светит
Не мне за морем, не мне дождаться
Его восхода... Что толку плакать!
И как мне, слабой, бороться с тьмою?
Люблю я Солнце... Я только птица.
О как же трудно быть только птицей!...»
    Над тёмным морем носилась чайка
И снежных крыльев прекрасной птицы
Не видно было во мраке ночи.
    О, чайка, чайка! Лети – утешься,
Здесь всё проходит, пройдут и муки,
Но неизменно приходит солнце.
Стерпи: и солнце дороже будет
Тебе, купившей его терпеньем.

Дождаться солнца во мраке ночи —
В том тоже доля борьбы за солнце.
Борись без жалоб — здесь нет пощады.
Всё счастье жизни — в борьбе за счастье!

17 мая 1944
Москва

Вариация на тему «Пророка»

Вдруг родилось: *Да будет свет!*
Вот так ты сам себе открылся
И, чудной радостью согрет,
Огнём сознанья озарился.
Распахнут, ветрами крылат,
Всей мощью мира был объят —
И было страстное стремленье
Участвовать в игре творенья.
И ко всему простёрся вдруг,
И вызвал к жизни всё вокруг:
И стало первое сиянье,
И скорбь, и радости твои,
И вод, и воздуха струи,
И сил сокрытых трепетанье.
Ты тот, кто, кроткий, создаёт —
Среди борьбы, среди забот —
Миры созвездий лучезарных,
Освобождая в добрый час
От нищеты желаний нас,
И косных, и неблагодарных.
И, лёгкий, ты, как вздох, летел
И жажда солнца пробуждалась:
Всё — небеса, таков удел,
Земля в кругу небесных тел
Для жизни яркой создавалась.

И голос был внутри как гром
(а мир – гармонией кругом):
«Благослови и свет, и воздух,
Земли очаг, и свой завет –
Тебе открыт в сердцах и в звёздах
Один глагол: да будет свет!»

15 марта 1946
Москва

Рождение Дон Кихота

– Вестник, ты, в виски стучащий
Здесь, в унылой стороне,
Где с ума схожу всё чаще,
Для чего ты явлен мне?

   – Чтобы, волен от испуга,
   Сердцу верен без измен,
   Заколдованного круга
   Одолел ты скучный плен.

– Вестник странный, вестник строгий
(я узнал тебя в огне),
утолить мои тревоги
с чем приходишь ты ко мне?

   – Ты всегда в бою весёлом,
   Я пришёл ненастным днём
   Со щитом любви тяжёлым,
   С острым разума мечом.

– Вестник дивный, вестник тайный,
Ты, мечта о дальнем дне,
Словно свет необычайный,
Кем же послан ты ко мне?

– Знай, тебя светло и прямо,
Упоительна и зла,
Жизнь – Неведомая Дама
На служенье призвала.

– Вестник ясный, вестник властный,
В бурю, в гром и в тишине,
В смутных снах и в час опасный,
Что за весть приносишь мне?

– В тайну, что всему основа,
Посвящён да будешь ты –
Рыцарь Образа Живого,
Рыцарь Скрытой Красоты!

21 октября 1946
Москва

Стансы (Прометей)

1.

Пусть будет творчества порыв
Судьбой и совестью твоею –
Когда-то так же к Прометею
    Людей во мраке шёл призыв:

«И холод мёртвого кумира,
И Зевса вызови на бой –
Иди достать Огня для мира
    На небесах и под землёй!...»

2.

Открылась осени краса –
Пахнуло вечности дыханьем
И листьев пьяным увяданьем,
    Опять о том шумят леса.

Зачем надежды и сомненья?
Забудьте временных себя
И, правду времени любя,
    Стремитесь к вечности мгновенья!

3.

Нужна нам жизни полнота –
Игра, и радость, и природа
Влекут к себе как простота,
    Как свет, и правда, и свобода.

Но горе миру, горе нам
От пышной лжи и правд убогих –
Отравы сладкой, как бальзам,
    Соблазна многих и немногих.

4.

Желанно жизни всё живое,
Её коснись – и мир сверкнёт,
И в ней единым предстаёт,
    И весь – пылающая Троя.

Лихой притон и божий дом,
Дворец и жалкая лачуга –
Всё – слава Огненного Круга,
    Всё – пламя и пламени живом!...

5.

Задумал статуи сам бог,
Когда лепил свои созданья,
Но не окончил и прилёг –
    Продолжи дивное ваянье!

И нужно, право же, немного,
Чтоб вышла красота сама –
Палитра сердца, кисть ума,
Глаза души и руки бога.

6.

Что ждёшь с тоской и отчужденьем?
Что медлишь? Вечно белый свет
Бывал в движении согрет
Дыханьем жизни – вдохновеньем.

И всюду – радуйся, смотри! –
Его рассеяно сиянье –
Свои лучи – своё сознанье
Любовью в сердце собери!

7.

Творец, Хранитель, Истребитель –
Три лика царственных Огня
Везде приветствуют меня,
А я пред ними – только зритель.

Меня как мёртвых он щадит
И дразнит смехом Прометея:
«Всё, что воистину горит –
Горит как чистое – не тлея!»

29 мая 1946
Москва

www.ingramcontent.com/pod-product-compliance
Lightning Source LLC
Chambersburg PA
CBHW060412090426
42734CB00011B/2289